Impressum
Verlag: BABADADA GmbH, Nedderfeld 112 , 22529 Hamburg
Geschäftsführer / Verlagsleitung: Harald Hof
Druck: Books on Demand GmbH, In de Tarpen 42, 22848 Norderstedt

Imprint
Publisher: BABADADA GmbH, Nedderfeld 112 , 22529 Hamburg, Germany
Managing Director / Publishing direction: Harald Hof
Print: Books on Demand GmbH, In de Tarpen 42, 22848 Norderstedt

school

ysgol

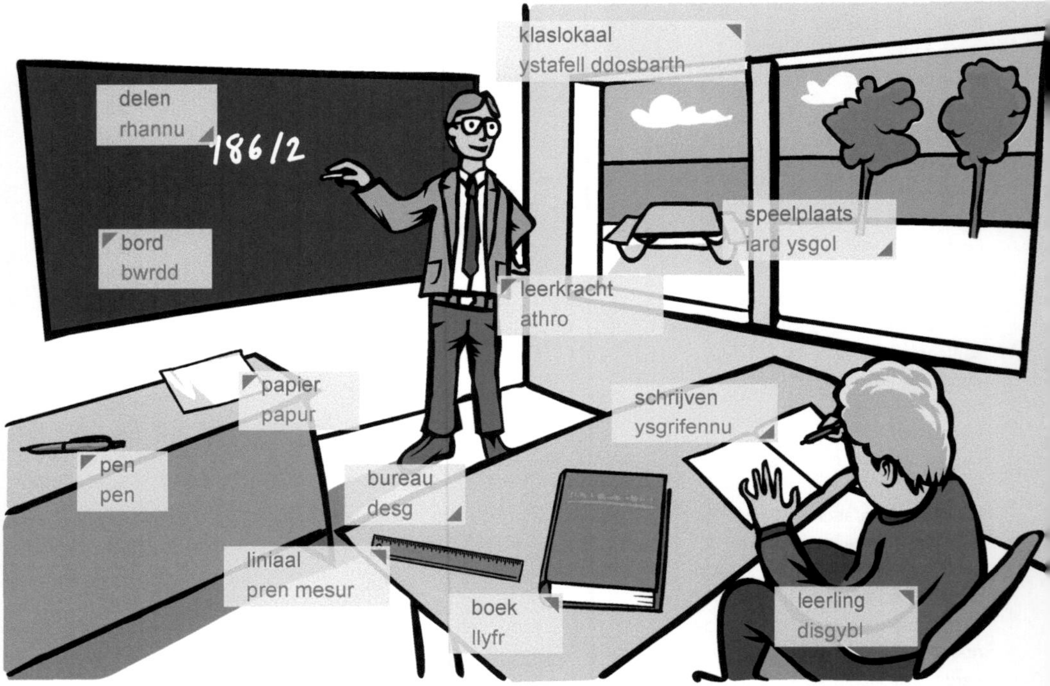
klaslokaal
ystafell ddosbarth
delen
rhannu
186/2
bord
bwrdd
speelplaats
iard ysgol
leerkracht
athro
papier
papur
schrijven
ysgrifennu
pen
pen
bureau
desg
liniaal
pren mesur
boek
llyfr
leerling
disgybl

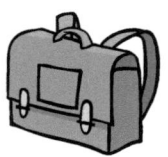

schooltas

bag ysgol

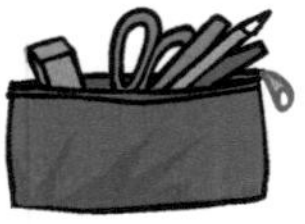

pennenzak

blwch penselau

potlood

pensil

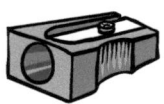

puntenslijper

miniwr

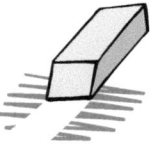

gom

rwber

tekenblok

pad arlunio

tekening

draw

verfborstel

brws paent

verfdoos

blwch paent

schaar

siswrn

lijm

glud

werkboek

llyfr ysgrifennu

huiswerk

gwaith cartref

nummer

rhif

optellen

ychwanegu

aftrekken

tynnu

vermenigvuldigen

lluosi

rekenen

cyfrifo

letter

llythyren

alfabet

gwyddor

woord

gair

tekst

testun

Lezen

darllen

krijt

sialc

les

gwers

klassenboek

cofrestr

examen

arholiad

certificaat

tystysgrif

schooluniform

gwisg ysgol

onderwijs

addysg

encyclopedie

gwyddoniadur

universiteit

prifysgol

microscoop

microsgop

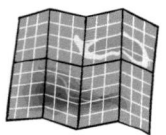

kaart

map

papiermand

basged papur gwastraff

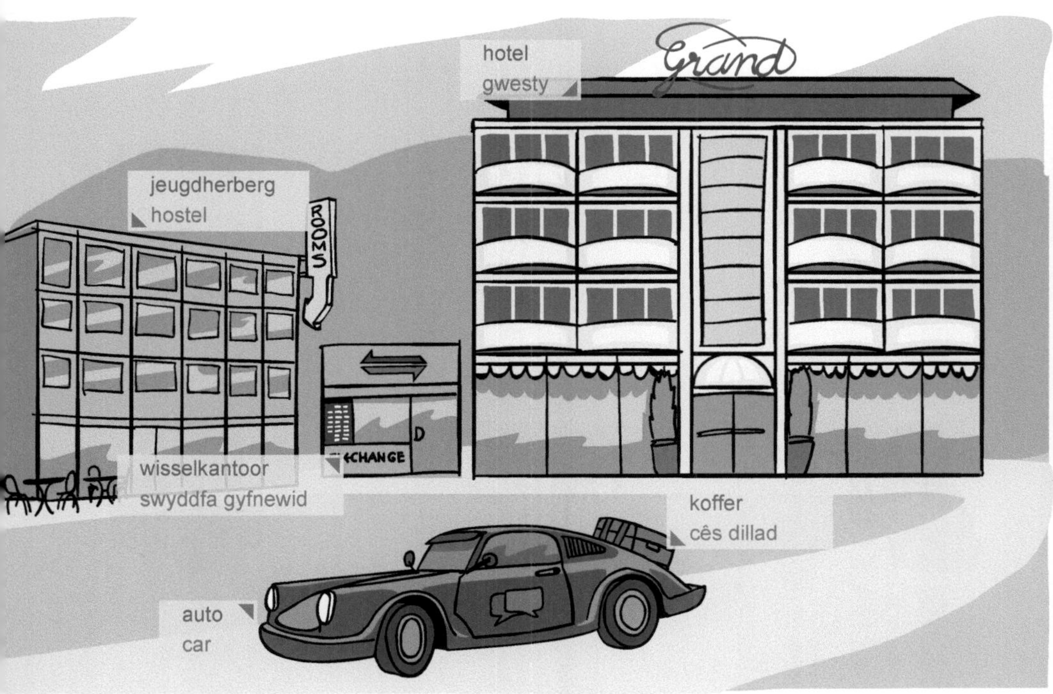

hotel
gwesty

Grand

jeugdherberg
hostel

ROOMS

wisselkantoor
swyddfa gyfnewid

EXCHANGE

koffer
cês dillad

auto
car

Taal
iaith

ja / nee
ie / na

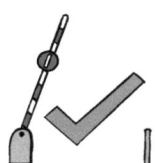

oké
iawn

hallo
helo

vertaler
cyfieithydd

bedankt
Diolch yn fawr

Hoeveel kost …?

faint yw …?

Ik begrijp het niet

Dw i ddim yn deall

probleem

problem

Goedenavond!

Noswaith dda!

Goedemorgen!

Bore da!

Goedenavond!

Nos da!

Tot ziens

hwyl

richting

cyfarwyddyd

bagage

bagiau

zak

bag

rugzak

gwarbac

gast

gwestai

kamer

ystafell

slaapzak

sach gysgu

tent

pabell

toeristeninformatie

gwybodaeth i ymwelwyr

strand

traeth

kredietkaart

cerdyn credyd

ontbijt

brecwast

lunch

cinio

avondeten

swper

ticket

tocyn

lift

lifft

postzegel

stamp

grens

ffin

douane

tollau

ambassade

llysgenhadaeth

visum

fisa

paspoort

pasbort

transport
cludiant

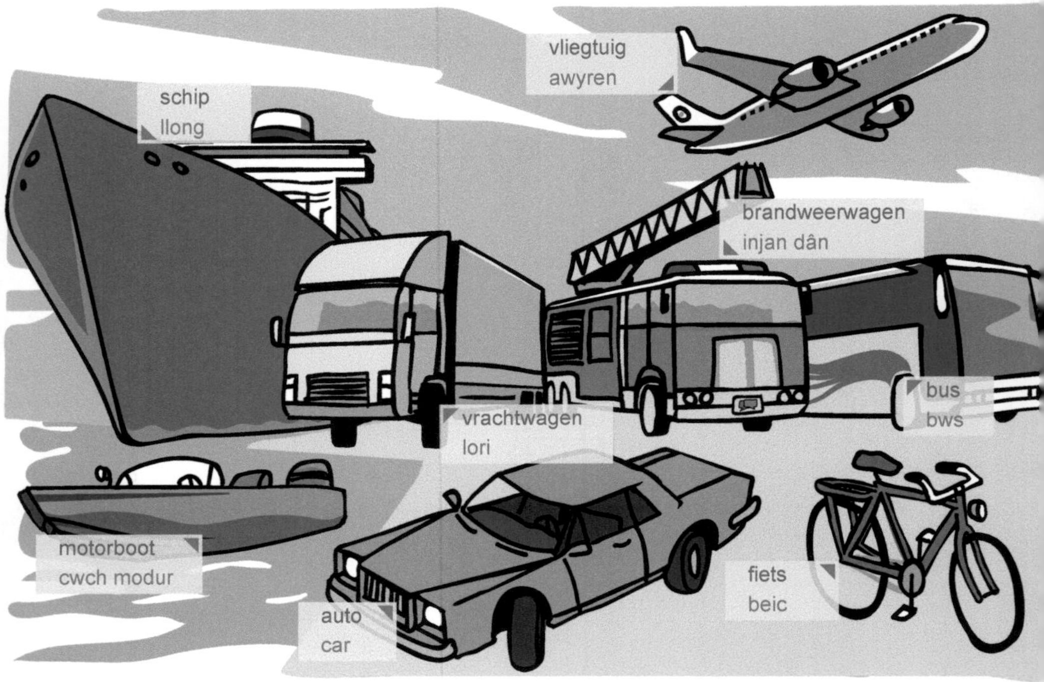
vliegtuig
awyren
schip
llong
brandweerwagen
injan dân
bus
bws
vrachtwagen
lori
motorboot
cwch modur
fiets
beic
auto
car

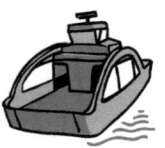

veerboot

fferi

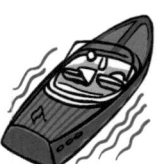

boot

cwch

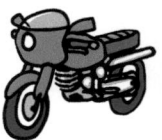

motor

beic modur

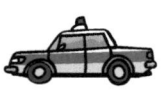

politiewagen

car yr heddlu

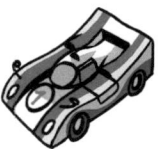

racewagen

car rasio

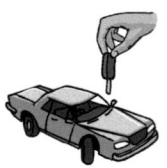

huurauto

car wedi'i rentu

carpoolen

rhannu car

sleepwagen

lori tynnu

vuilniswagen

lori ysbwriel

motor

modur

benzine

tanwydd

benzinestation

gorsaf betrol

verkeersbord

arwydd traffig

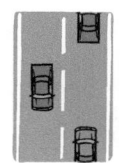

verkeer

traffig

file

tagfa draffig

parkeerplaats

maes parcio

station

gorsaf drennau

sporen

traciau

trein

trên

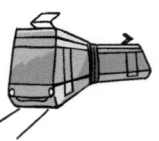

tram

tram

wagon

wagen

helikopter

hofrennydd

luchthaven

maes awyr

toren

twr

passagier

teithiwr

container

cynhwysydd

karton

paced

kar

cert

mand

basged

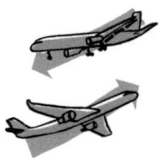

opstijgen / landen

esgyn / glanio

stad

dinas

dorp

pentref

stadscentrum

canol y ddinas

huis

tŷ

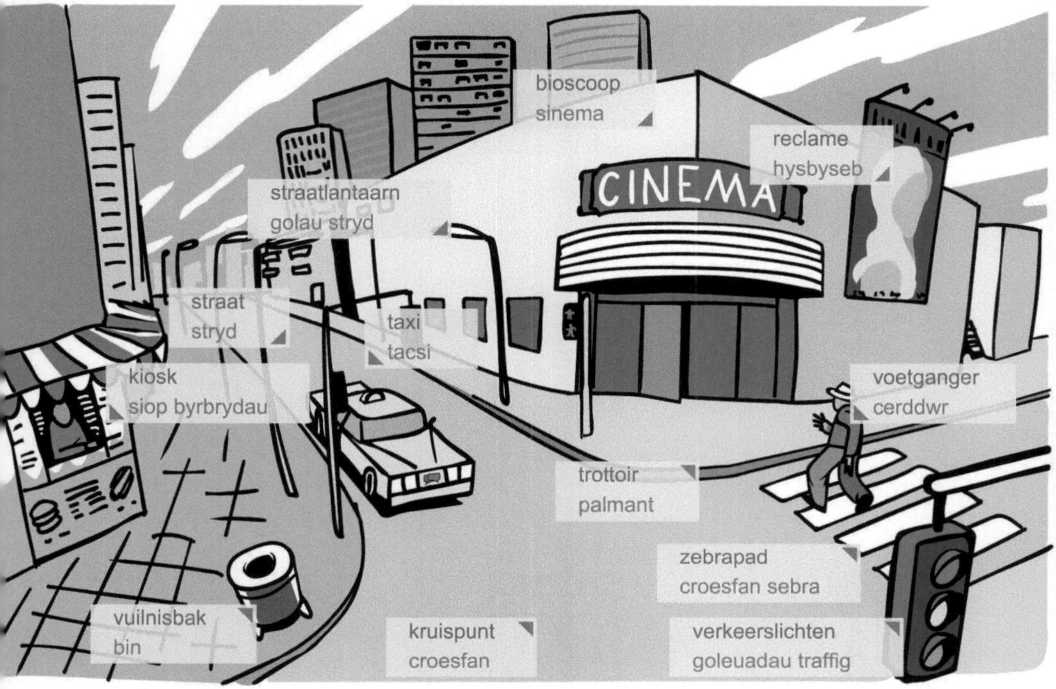

bioscoop
sinema

reclame
hysbyseb

straatlantaarn
golau stryd

straat
stryd

taxi
tacsi

kiosk
siop byrbrydau

voetganger
cerddwr

trottoir
palmant

zebrapad
croesfan sebra

vuilnisbak
bin

kruispunt
croesfan

verkeerslichten
goleuadau traffig

CINEMA

hut

cwt

woning

fflat

station

gorsaf drennau

stadshuis

neuadd y dref

museum

amgueddfa

school

ysgol

universiteit

prifysgol

bank

banc

ziekenhuis

ysbyty

hotel

gwesty

apotheek

fferyllfa

kantoor

swyddfa

boekwinkel

siop lyfrau

winkel

siop

bloemenwinkel

siop flodau

supermarkt

archfarchnad

markt

farchnad

warenhuis

siop adrannol

vishandelaar

siop bysgod

winkelcentrum

canolfan siopa

haven

harbwr

park

parc

bank

banc

brug

pont

trap

grisiau

metro

rheilffordd danddaearol

tunnel

twnnel

bushalte

safle bws

bar

bar

restaurant

bwyty

brievenbus

blwch post

straatnaambord

arwydd stryd

parkeermeter

mesurydd parcio

zoo

sŵ

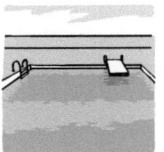

zwembad

pwll nofio

moskee

mosg

boerderij
fferm

milieuverontreiniging
llygredd

kerkhof
mynwent

kerk
eglwys

speelplaats
maes chwarae

tempel
teml

landschap
tirwedd

blad
deilen

wegwijzer
arwydd cyfeirio

weg
ffordd

weide
dôl

steen
carreg

boom
coeden

wandelaar
heiciwr

rivier
afon

gras
glaswellt

bloem
blodyn

vallei

cwm

heuvel

bryn

meer

llyn

bos

coedwig

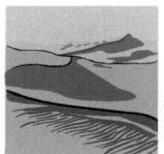

woestijn

anialwch

vulkaan

llosgfynydd

kasteel

castell

regenboog

enfys

paddenstoel

madarchen

palmboom

palmwydden

mug

mosgito

vlieg

pryf

mier

morgrugyn

bijl

gwenyn

spin

pryf copyn

kever

chwilen

kikker

llyffant

eekhoorn

gwiwer

egel

draenog

haas

ysgyfarnog

uil

tylluan

vogel

aderyn

zwaan

alarch

wild zwijn

baedd

hert

carw

eland

elc

dam

argae

windturbine

tyrbin gwynt

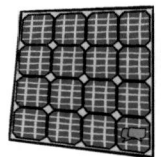

zonnepaneel

panel haul

klimaat

hinsawdd

ober
gweinydd

menu
bwydlen

stoel
cadair

soep
cawl

pizza
pitsa

bestek
cyllyll a ffyrc

tafelkleed
lliain bwrdd

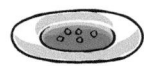

voorgerecht

cwrs cyntaf

hoofdgerecht

prif gwrs

nagerecht

pwdin

drankjes

diodydd

eten

bwyd

fles

potel

fastfood

bwyd cyflym

street food

bwyd y stryd

theepot

tebot

suikerpot

powlen siwgr

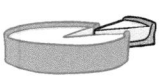

portie

dogn

espressomachine

peiriant espresso

kinderstoel

cadair plentyn

rekening

bil

dienblad

hambwrdd

mes

cyllell

vork

fforc

lepel

llwy

theelepel

llwy de

serviette

napcyn

glas

gwydr

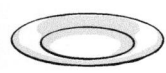

bord

plât

soepbord

plât cawl

schoteltje

soser

saus

saws

zoutvatje

pot halen

pepermolen

melin bupur

azijn

finegr

olie

olew

kruiden

sbeisys

ketchup

saws coch

mosterd

mwstard

mayonaise

mayonnaise

supermarkt
archfarchnad

aanbieding
cynnig arbennig
FOR
klant
cwsmer
zuivelproducten
cynnyrch llaeth
fruit
ffrwythau
winkelwagen
troli

BUTCHERS

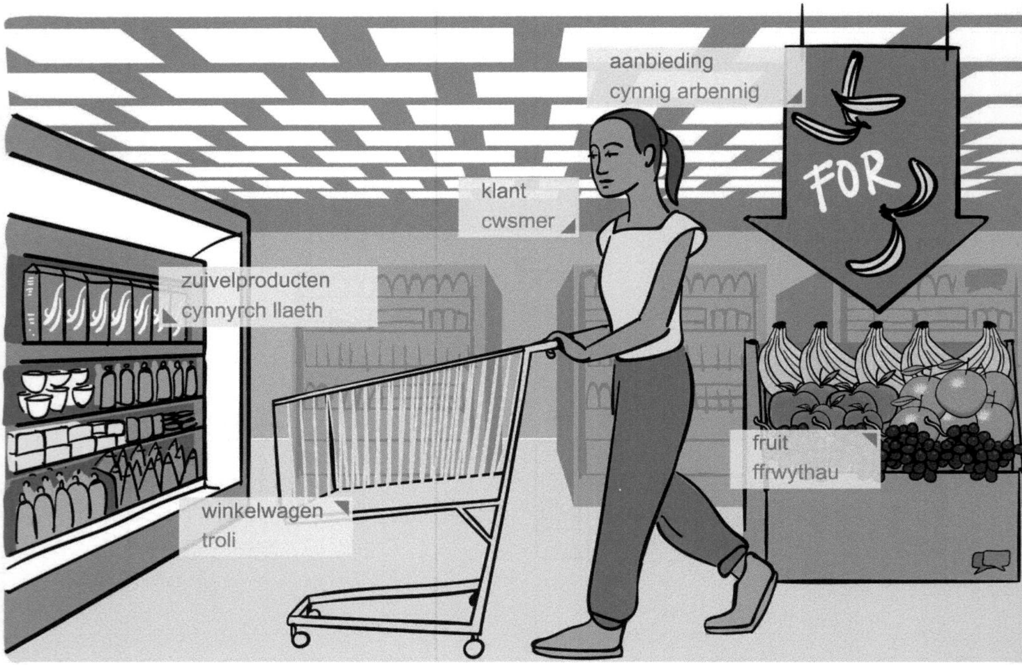

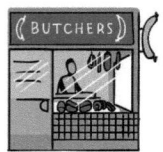

slagerij

siop gig

BAKERY

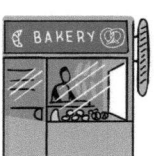

bakkerij

siop fara

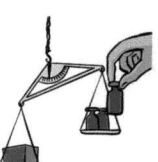

wegen

pwyso

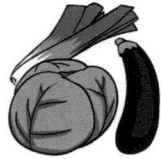

groenten

llysiau

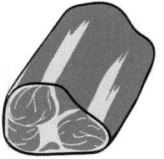

vlees

cig

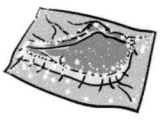

diepvriesvoedsel

Bwyd wedi'i rewi

charcuterie

cig oer

conserven

bwyd tun

waspoeder

powdr golchi

snoep

da-da

huishoudproducten

cynnyrch cartref

schoonmaakproducten

cynhyrchion glanhau

verkoopster

gwerthwraig

kassa

til

kassier

ariannwr

boodschappenlijstje

rhestr siopa

openingstijden

oriau agor

portefeuille

waled

kredietkaart

cerdyn credyd

tas

bag

plastieken zakje

bag plastig

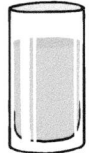

water
dŵr

sap
sudd

melk
llefrith

cola
côc

wijn
gwin

bier
cwrw

alcohol
alcohol

cacao
coco

thee
te

koffie
coffi

espresso
espresso

cappuccino
cappuccino

banaan

banana

appel

afal

sinaasappel

oren

meloen

melon

citroen

lemwn

wortel

moronen

knoflook

garlleg

bamboe

bambŵ

ajuin

nionyn

champignon

madarchen

noten

cnau

noodles

nwdls

spaghetti
sbageti

rijst
reis

salade
salad

frieten
sglodion

gebakken aardappelen
tatws wedi'u ffrïo

pizza
pitsa

hamburger
hambyrger

sandwich
brechdan

kalfslapje
cytled

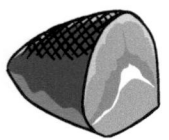

ham
ham

salami
salami

worst
selsig

kip
cyw iâr

braden
rhost

vis
pysgodyn

havervlokken

ceirch uwd

muesli

miwsli

cornflakes

creision ŷd

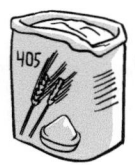

bloem

blawd

croissant

croissant

pistolet

bynsen

brood

bara

toast

tost

koekjes

bisgedi

boter

menyn

kwark

ceuled

taart

teisen

ei

wy

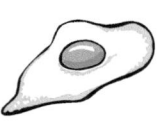

spiegelei

wy wedi'i ffrïo

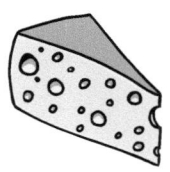

kaas

caws

ijs

hufen iâ

suiker

siwgr

honing

mêl

confituur

jam

choco

siocled taenu

curry

cyri

eten - bwyd

boerderij
fferm

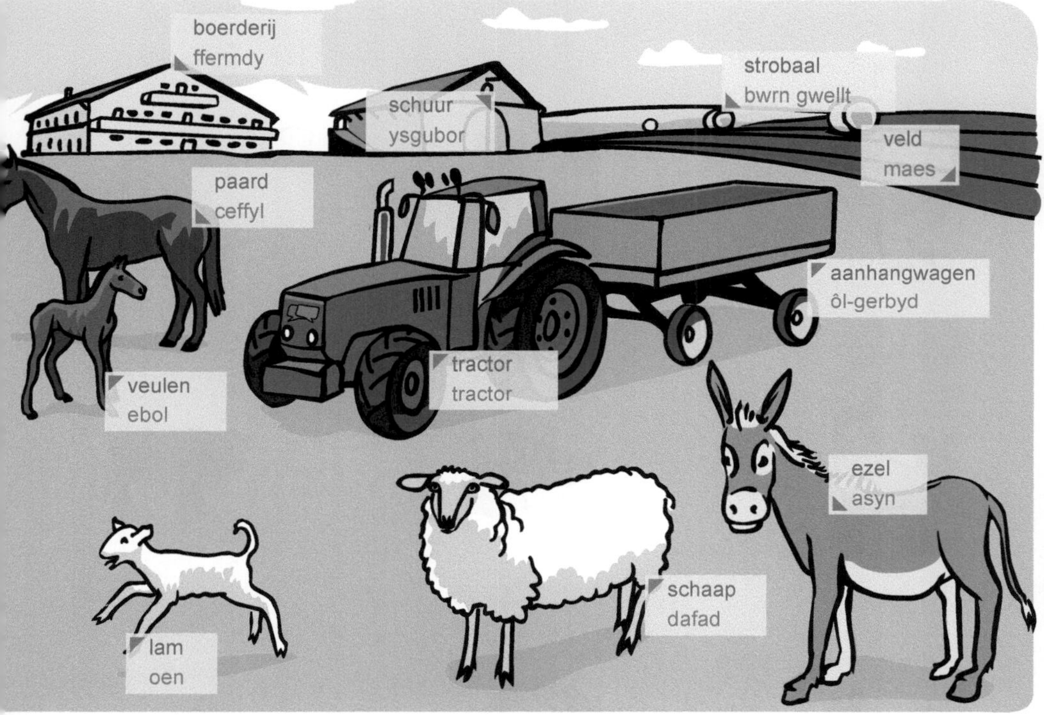
boerderij
ffermdy
schuur
ysgubor
strobaal
bwrn gwellt
veld
maes
paard
ceffyl
aanhangwagen
ôl-gerbyd
veulen
ebol
tractor
tractor
ezel
asyn
schaap
dafad
lam
oen

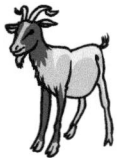

geit
gafr

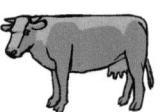

koe
buwch

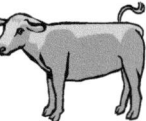

kalf
llo

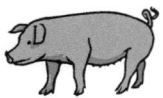

varken
mochyn

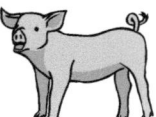

biggetje
porchell

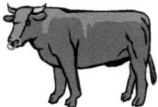

stier
tarw

gans
gwydd

eend
hwyaden

kuiken
cyw

kip
iâr

haan
ceiliog

rat
llygoden fawr

kat
cath

muis
llygoden

os
ych

hond
ci

hondenhok
cwt ci

tuinslang
pibell ddŵr

gieter
can dŵr

zeis
pladur

ploeg
aradr

sikkel

cryman

schoffel

fforch chwynu

hooivork

picwarch

bijl

bwyell

kruiwagen

berfa

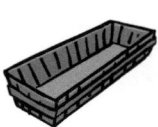

trog

cafn

melkkan

tun llefrith

zak

sach

hek

ffens

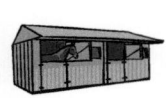

stal

stabl

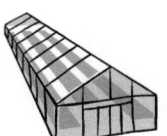

broeikas

tŷ gwydr

bodem

pridd

zaad

hedyn

mest

gwrtaith

maaidorser

dyrnwr medi

oogsten

cynaeafu

oogst

cynhaeaf

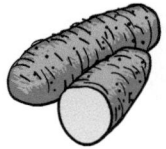

yam

iamau

tarwe

gwenith

soja

soi

aardappel

tysen

maïs

grawn

koolzaad

had rêp

fruitboom

coeden ffrwythau

maniok

manioc

graan

grawnfwydydd

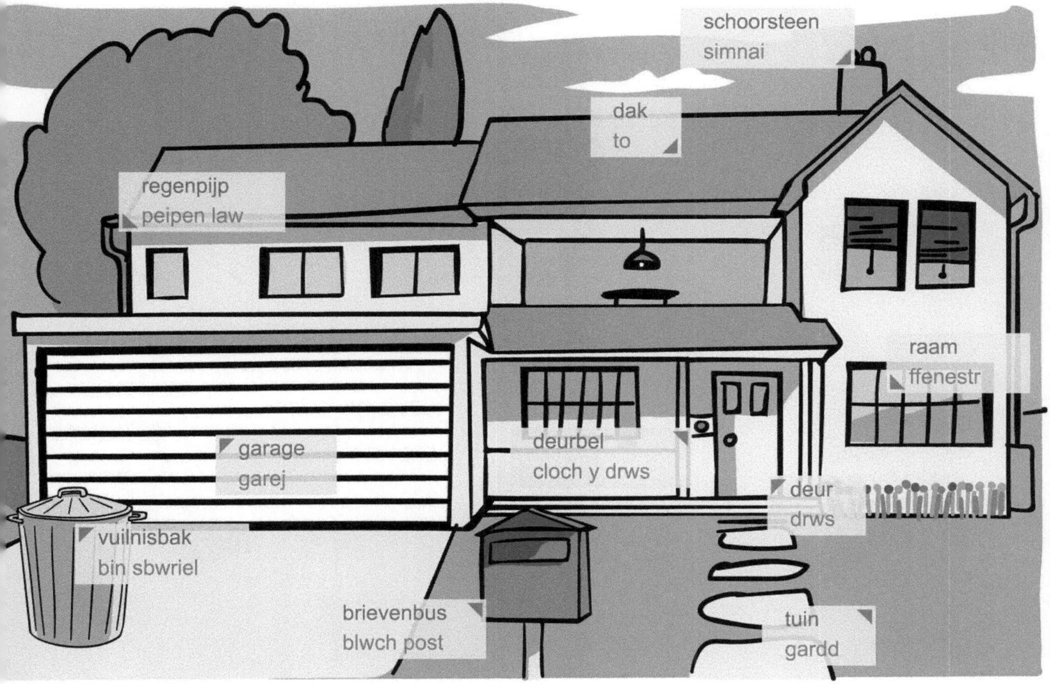

schoorsteen
simnai

dak
to

regenpijp
peipen law

raam
ffenestr

garage
garej

deurbel
cloch y drws

deur
drws

vuilnisbak
bin sbwriel

brievenbus
blwch post

tuin
gardd

woonkamer

lolfa

badkamer

ystafell ymolchi

keuken

cegin

slaapkamer

ystafell wely

kinderkamer

ystafell plentyn

eetkamer

ystafell fwyta

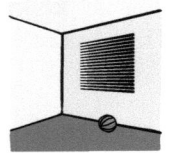

vloer

llawr

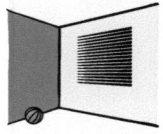

muur

wal

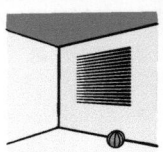

plafond

nenfwd

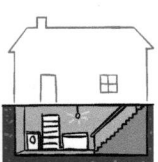

kelder

seler

sauna

sawna

balkon

balconi

terras

teras

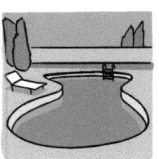

zwembad

pwll

grasmaaier

peiriant torri gwair

dekbedovertrek

taflen

dekbed

gorchudd gwely

bed

gwely

bezem

ysgub

emmer

bwced

schakelaar

swits

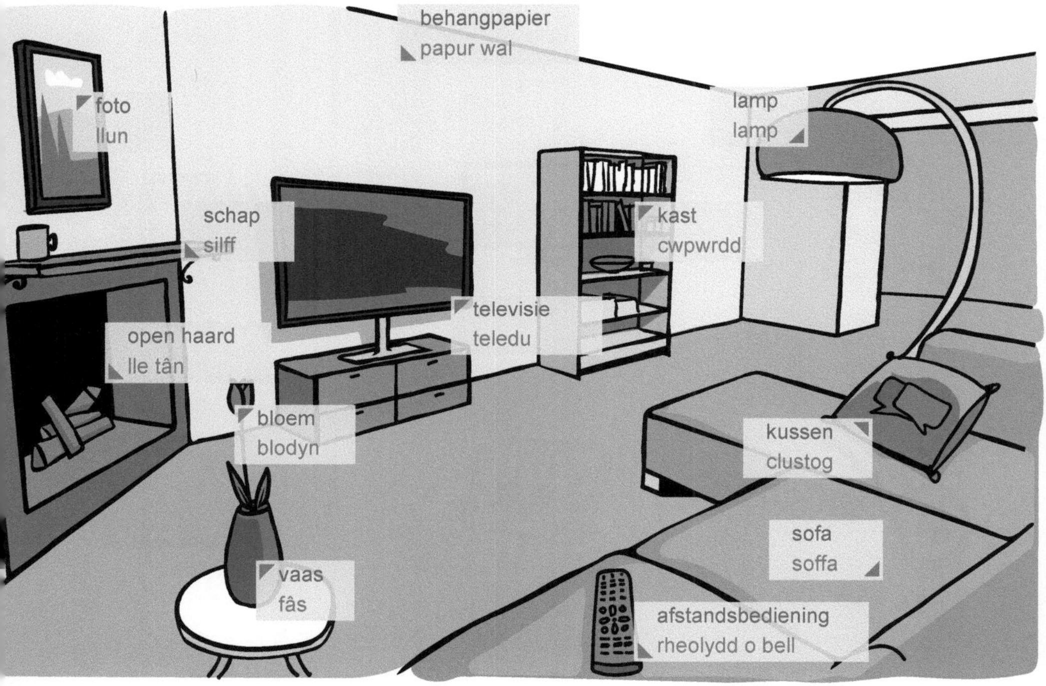

behangpapier
papur wal

foto
llun

lamp
lamp

schap
silff

kast
cwpwrdd

televisie
teledu

open haard
lle tân

bloem
blodyn

kussen
clustog

sofa
soffa

vaas
fâs

afstandsbediening
rheolydd o bell

mat
carped

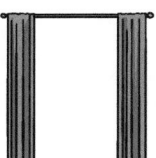

gordijn
llen

tafel
bwrdd

stoel
cadair

schommelstoel
cadair siglo

fauteuil
cadair freichiau

boek

llyfr

deken

blanced

decoratie

addurn

brandhout

coed tân

film

ffilm

stereo-installatie

hi-fi

sleutel

agoriad

krant

papur newydd

schilderij

darlun

poster

poster

radio

radio

notitieboekje

llyfr nodiadau

stofzuiger

hwfer

cactus

cactws

kaars

cannwyll

keuken
cegin

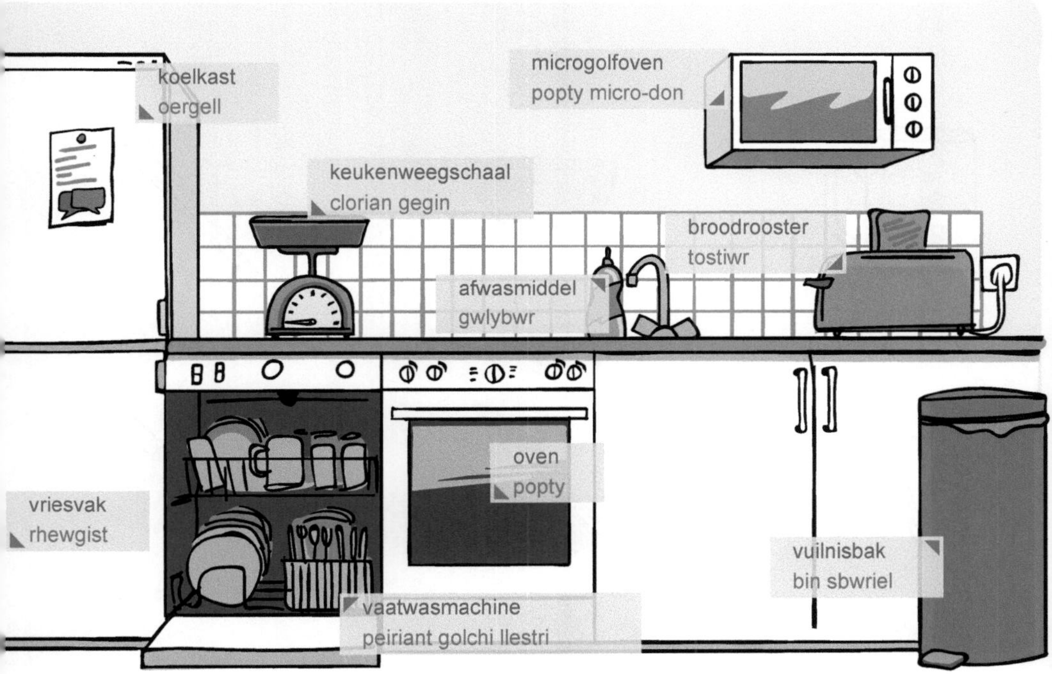

koelkast
oergell
microgolfoven
popty micro-don
keukenweegschaal
clorian gegin
broodrooster
tostiwr
afwasmiddel
gwlybwr
oven
popty
vriesvak
rhewgist
vuilnisbak
bin sbwriel
vaatwasmachine
peiriant golchi llestri

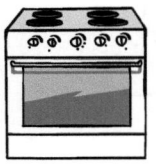

fornuis

popty

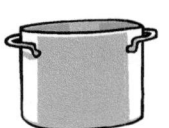

pot

pot

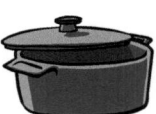

gietijzeren pot

pot haearn bwrw

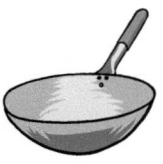

wok / kadai

wok / kadai

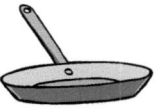

pan

padell

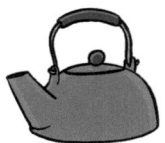

waterkoker

tegell

stoomkoker

sosban stemio

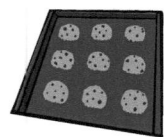

bakplaat

hambwrdd pobi

servies

llestri

mok

mwg

kom

powlen

eetstokjes

gweill bwyta

pollepel

lletwad

spatel

ysbodol

garde

chwisg

vergiet

hidlydd

zeef

gogr

rasp

gratiwr

mortier

morter

barbecue

barbeciw

haardvuur

tân agored

snijplank

bwrdd torri cig

deegrol

rholbren

kurkentrekker

tynnwr corcyn

blik

tun

blikopener

peth agor tuniau

pannenlap

clwt pot

gootsteen

sinc

borstel

brws

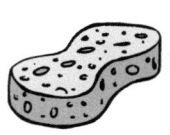

spons

sbwng

blender

peiriant cymysgu

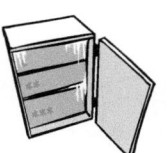

vriezer

rhewgell

papfles

potel babi

kraan

tap

badkamer
ystafell ymolchi

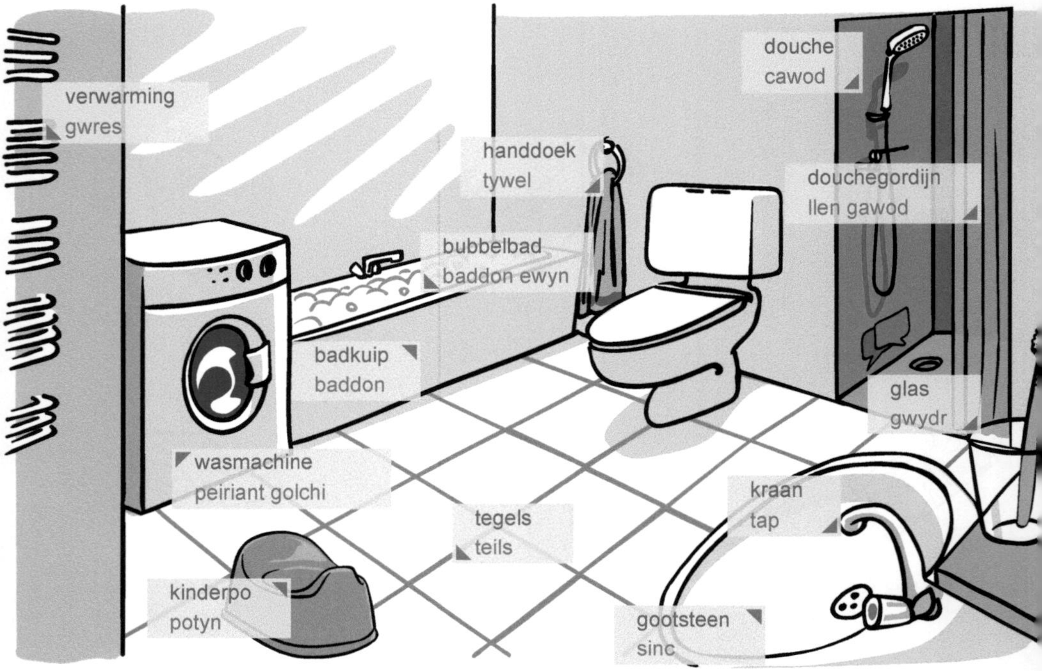
verwarming
gwres
douche
cawod
handdoek
tywel
douchegordijn
llen gawod
bubbelbad
baddon ewyn
badkuip
baddon
glas
gwydr
wasmachine
peiriant golchi
kraan
tap
tegels
teils
kinderpo
potyn
gootsteen
sinc

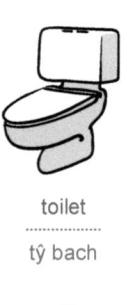

toilet

tŷ bach

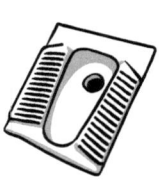

hurktoilet

toiled cyrcydu

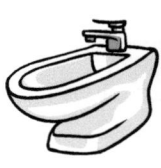

bidet

bidet

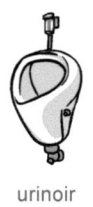

urinoir

troethfa

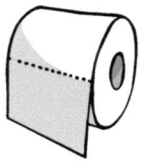

toiletpapier

papur tŷ bach

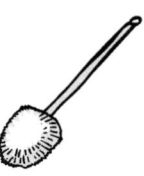

toiletborstel

brws tŷ bach

tandenborstel

brws dannedd

tandpasta

past dannedd

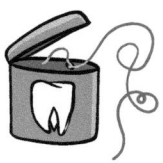

flosdraad

edau ddannedd

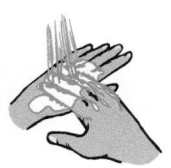

wassen

golchi

handdouche

cawod llaw

bidethanddouche

golchfa

waskom

basn

rugborstel

brws-ôl

zeep

sebon

douchegel

gel cawod

shampoo

siampŵ

washandje

gwlanen

afvoer

ffos

crème

hufen

deodorant

diaroglydd

spiegel

drych

handspiegel

drych llaw

scheermes

rasel

scheerschuim

ewyn eillio

aftershave

sent eillio

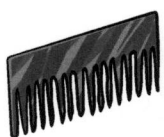

kam

crib

borstel

brws

haardroger

sychwr gwallt

haarlak

chwistrell gwallt

make-up

colur

lippenstift

minlliw

nagellak

farnais ewinedd

watten

gwlân cotwm

nagelknipper

siswrn ewinedd

parfum

persawr

toilettas

bag ymolchi

kruk

stôl

weegschaal

clorian

badjas

gŵn baddon

latex handschoenen

menig rwber

tampon

tampon

maandverband

tywel misglwyf

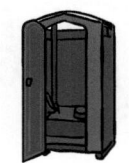

chemisch toilet

toiled cemegol

kinderkamer

ystafell plentyn

wekker
cloc larwm
knuffel
tegan anwes
speelgoedauto
car tegan
rammelaar
cleciwr
poppenhuis
tŷ dol
geschenk
anrheg

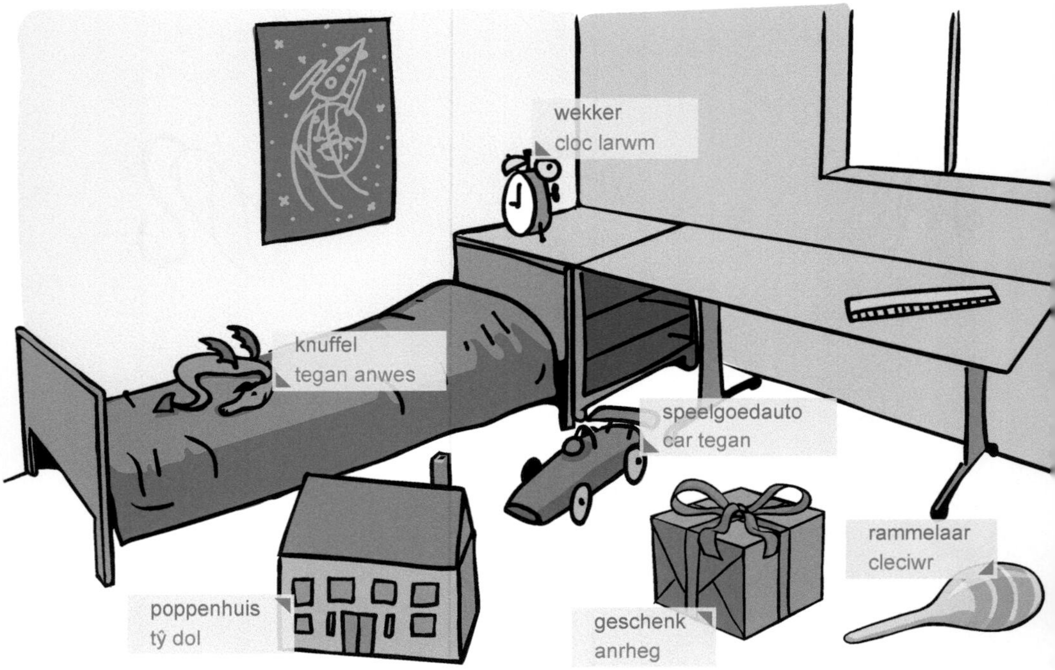

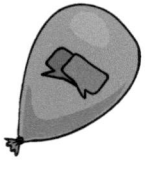

ballon

balŵn

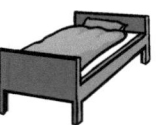

bed

gwely

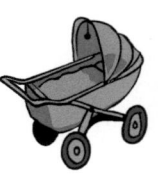

kinderwagen

pram

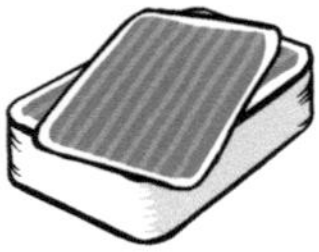

spel kaarten

pecyn o gardiau

puzzel

jig-so

SUPER MEGA

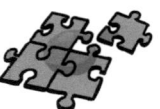

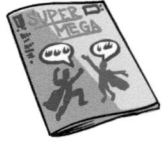

stripboek

comic

legoblokjes

brics Lego

blokken

blociau adeiladu

actiefiguur

ffigur gweithredu

kruippakje

babygro

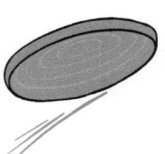

frisbee

ffrisbi

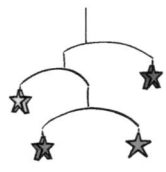

mobiel

symudyn

bordspel

gêm fwrdd

dobbelsteen

deis

modelspoorweg

set model trên

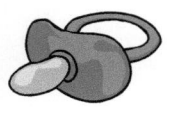

fopspeen

teth lwgu

feest

parti

prentenboek

llyfr lluniau

bal

pêl

pop

dol

spelen

chwarae

zandbak

pwll tywod

schommel

swing

speelgoed

teganau

spelconsole

consol gemau fideo

driewieler

beic tair olwyn

knuffelbeer

tedi

kleerkast

cwpwrdd dillad

kleding

dillad

sokken

hosanau

kousen

hosanau

maillot

teits

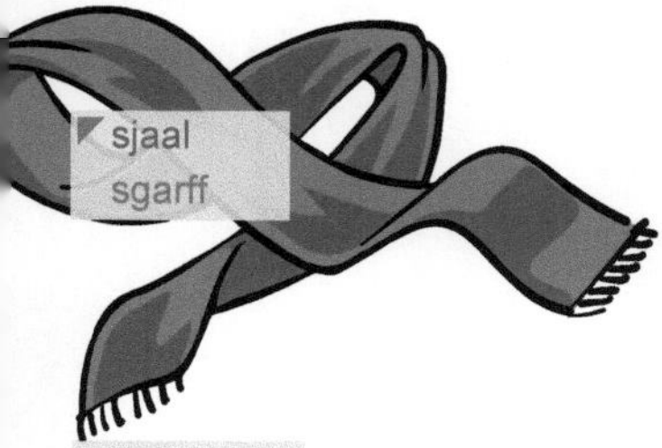

sjaal
sgarff

riem
gwregys

paraplu
ymbarél

T-shirt
crys-t

sneakers
esidiau ymarfer

laarzen
esgidiau

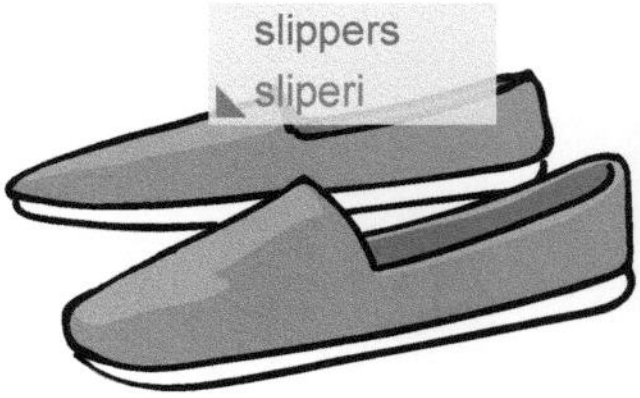

slippers
sliperi

sandalen
sandalau

schoenen
esgidiau

rubberlaarzen
esgidiau rwber

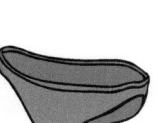

onderbroek
trôns

beha
bra

onderhemd
fest

lichaam

corff

broek

trowsus

jeans

jîns

rok

sgert

blouse

blows

hemd

crys

trui

pwlofer

capuchontrui

hwdi

blazer

blaser

jas

siaced

jas

côt

regenjas

côt law

kostuum

gwisg

jurk

gŵn

trouwjurk

gwisg briodas

pak

siwt

nachthemd

gŵn nos

pyjama

pyjamas

sari

sari

hoofddoek

sgarff pen

tulband

tyrban

boerka

bwrca

kaftan

cafftan

abaya

abaya

badpak

gwisg nofio

zwembroek

trowsus nofio

short

siorts

trainingspak

tracwisg

schort

ffedog

handschoenen

menig

knoop

botwm

bril

sbectol

armband

breichled

ketting

cadwyn

ring

modrwy

oorbel

clustdlws

pet

cap

kapstok

cambren

hoed

het

das

tei

rits

sip

helm

helmed

bretellen

fframiau danedd

schooluniform

gwisg ysgol

uniform

gwisg

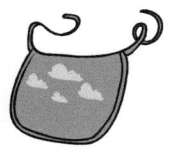

slabbetje

bib

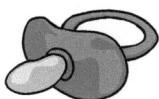

fopspeen

teth lwgu

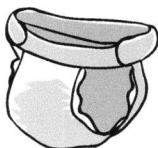

luier

cewyn

kantoor
swyddfa

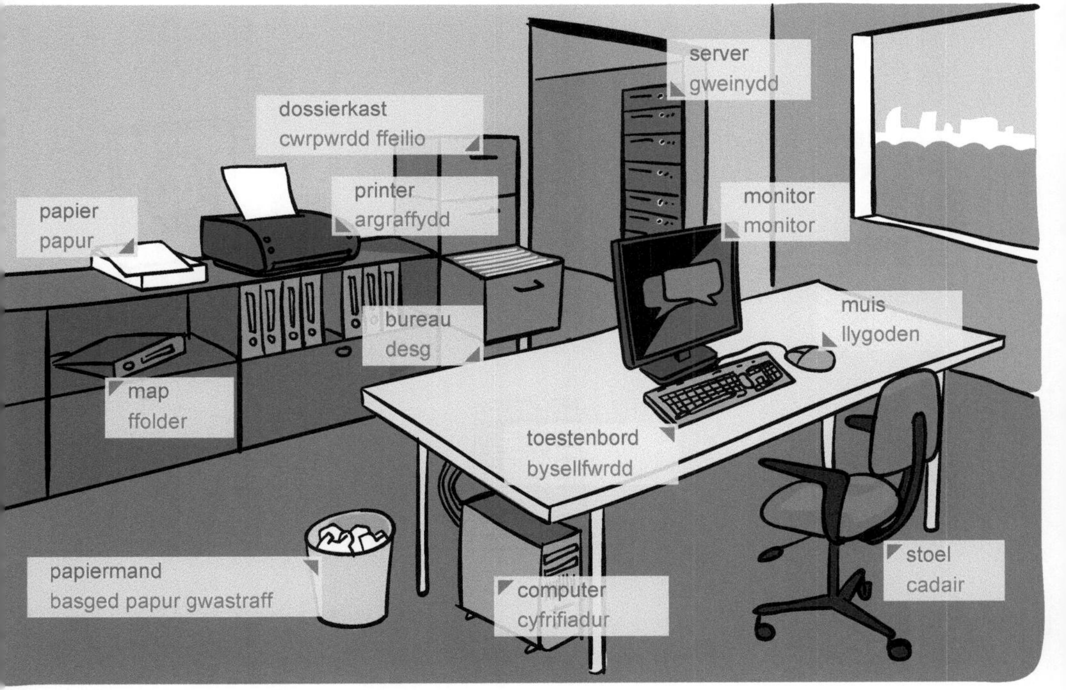

server
gweinydd
dossierkast
cwrpwrdd ffeilio
printer
argraffydd
papier
papur
monitor
monitor
muis
llygoden
bureau
desg
map
ffolder
toestenbord
bysellfwrdd
stoel
cadair
papiermand
basged papur gwastraff
computer
cyfrifiadur

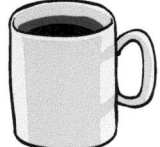

koffiemok

mwg coffi

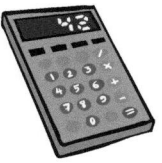

rekenmachine

cyfrifiannell

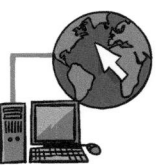

internet

rhyngrwyd

laptop

gliniadur

brief

llythyr

bericht

neges

gsm

ffôn symudol

netwerk

rhwydwaith

kopieerapparaat

llungopïwr

software

meddalwedd

telefoon

teleffon

stopcontact

soced plwg

fax

peiriant ffacs

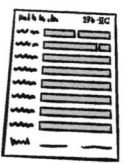

formulier

ffurflen

document

dogfen

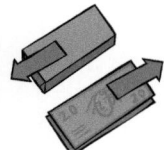

kopen
prynu

betalen
talu

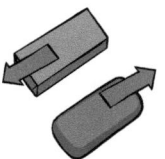

handelen
masnachu

geld
arian

dollar
doler

euro
ewro

yen
yen

roebel
rwbl

Zwitserse frank
ffranc y Swistir

Chinese renminbi
yuan renminbi

roepie
rwpi

geldautomaat
peiriant arian

wisselkantoor

swyddfa gyfnewid

goud

aur

zilver

arian

olie

olew

energie

ynni

prijs

pris

contract

contract

belasting

treth

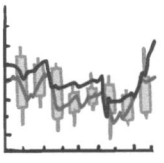

aandeel

stoc

werken

gweithio

werknemer

cyflogai

werkgever

cyflogwr

fabriek

ffatri

winkel

siop

politieagent
swyddog heddlu

brandweerman
diffoddwr tân

kok
cogydd

dokter
meddyg

piloot
peilot

tuinman

garddwr

timmerman

saer

naaister

gwniadwraig

rechter

barnwr

chemicus

fferyllydd

acteur

actor

buschauffeur

gyrrwr bws

taxichauffeur

gyrrwr tacsi

visser

pysgotwr

schoonmaakster

glanhawraig

dakdekker

töwr

ober

gweinydd

jager

heliwr

schilder

paentiwr

bakker

pobydd

elektricien

trydanwr

bouwvakker

adeiladwr

ingenieur

peiriannydd

slager

cigydd

loodgieter

plymiwr

postbode

dyn y post

soldaat

milwr

architect

pensaer

kassier

ariannwr

bloemist

gwerthwr blodau

kapper

triniwr gwallt

conducteur

archwiliwr tocynnau
rheilffordd

mecanicien

mecanydd

kapitein

capten

tandarts

deintydd

wetenschapper

gwyddonydd

rabbijn

rabi

imam

imam

monnik

mynach

geestelijke

clerigwr

werktuigen
offer

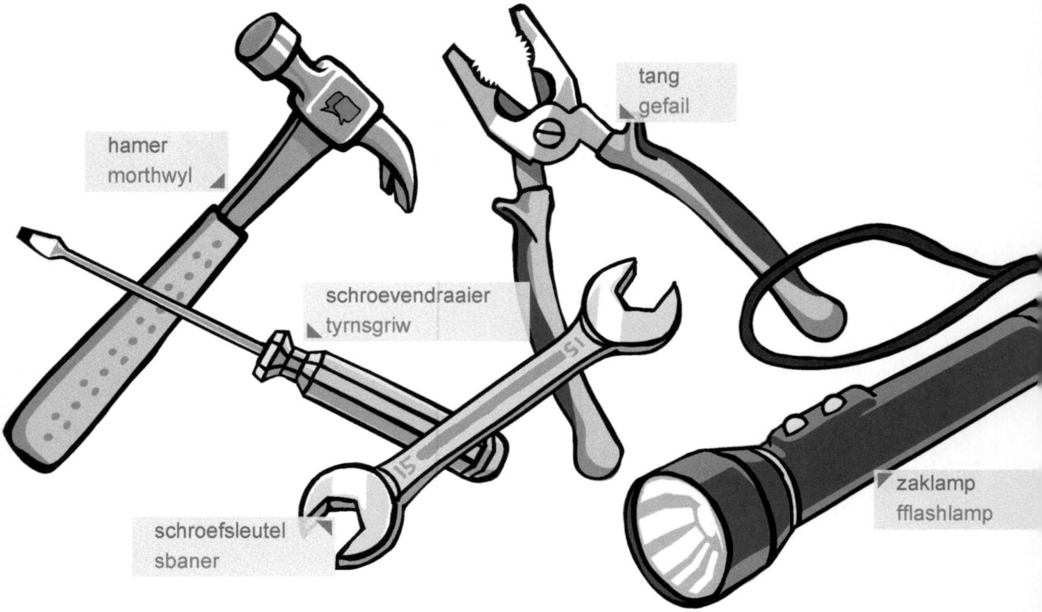
tang
gefail
hamer
morthwyl
schroevendraaier
tyrnsgriw
zaklamp
fflashlamp
schroefsleutel
sbaner

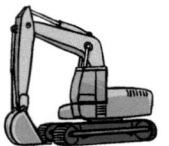

graafmachine
turiwr

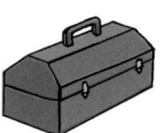

gereedschapskoffer
blwch offer

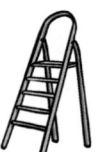

ladder
ysgol

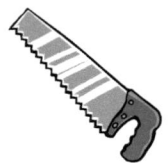

zaag
llif

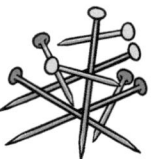

spijkers
hoelion

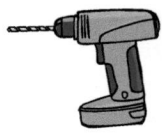

boormachine
dril

repareren	schop	Verdomme!
trwsio	rhaw	Daria!

blik	verfpot	schroeven
rhaw lwch	pot paent	sgriwiau

muziekinstrumenten
offerynnau cerdd

luidspreker
uchelseinydd

drumstel
set drymiau

gitaar
gitâr

contrabas
bas dwbl

trompet
trwmped

piano
piano

viool
ffidil

basgitaar
bas

pauk
timpani

trommels
drymiau

keyboard
cyweirfwrdd

saxofoon
sacsoffon

fluit
ffliwt

microfoon
meicroffon

ZOO

SŴ

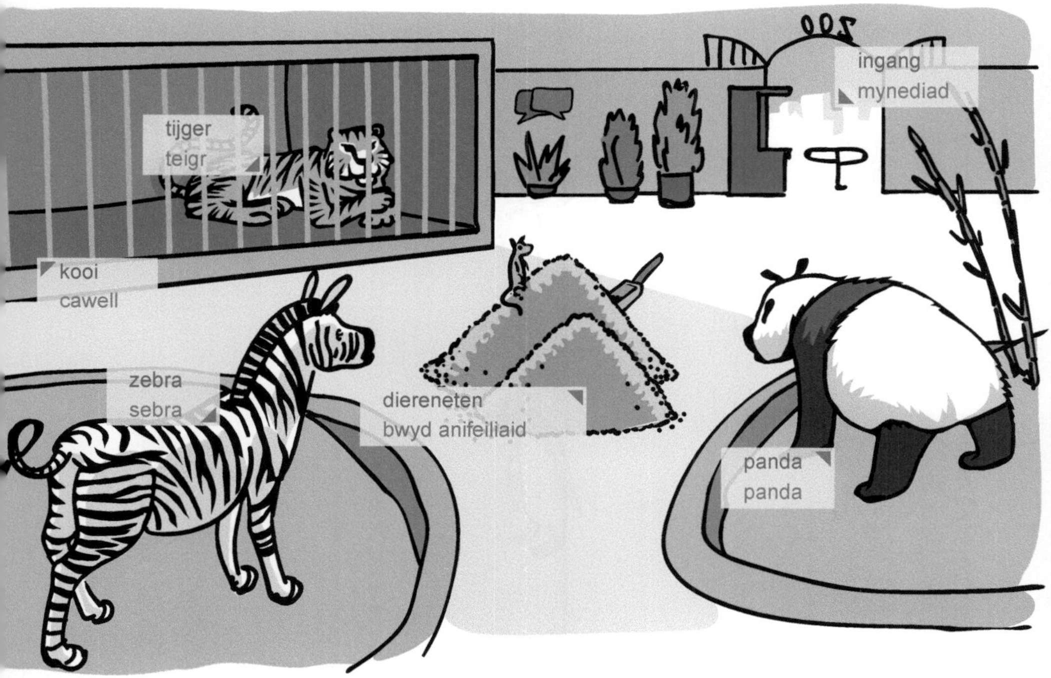
zoo
ingang
mynediad
tijger
teigr
kooi
cawell
zebra
sebra
diereneten
bwyd anifeiliaid
panda
panda

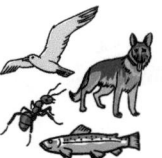

dieren

anifeiliaid

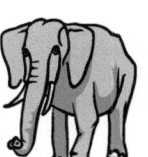

olifant

eliffant

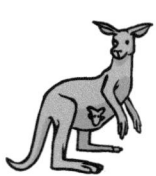

kangoeroe

cangarŵ

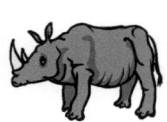

neushoorn

rhinoseros

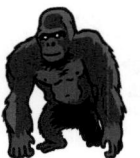

gorilla

gorila

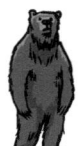

beer

arth

kameel

camel

struisvogel

estrys

leeuw

llew

aap

mwnci

flamingo

fflamingo

papegaai

parot

ijsbeer

arth wen

pinguïn

pengwin

haai

siarc

pauw

paun

slang

neidr

krokodil

crocodeil

dierenverzorger

gofalwr sŵ

zeehond

morlo

jaguar

jagwar

pony
merlyn

luipaard
llewpard

nijlpaard
hipo

giraffe
jiráff

adelaar
eryr

wild zwijn
baedd

vis
pysgodyn

zeeschildpad
crwban

walrus
walrws

vos
llwynog

gazelle
gafrewig

sporten
chwaraeon

rugby
pêl-droed America

wielrennen
beicio

tennis
tennis

basketbal
pêl-fasged

zwemmen
nofio

boksen
bocsio

ijshockey
hoci iâ

voetbal

pêl-droed

badminton

badminton

atletiek

athletau

handbal

pêl-law

skiën

sgïo

polo

polo

activiteiten
gweithgareddau

springen
neidio
knuffelen
cofleidio
lachen
chwerthin
wandelen
cerdded
zingen
canu
dromen
breuddwydio
bidden
gweddïo
kussen
cusanu

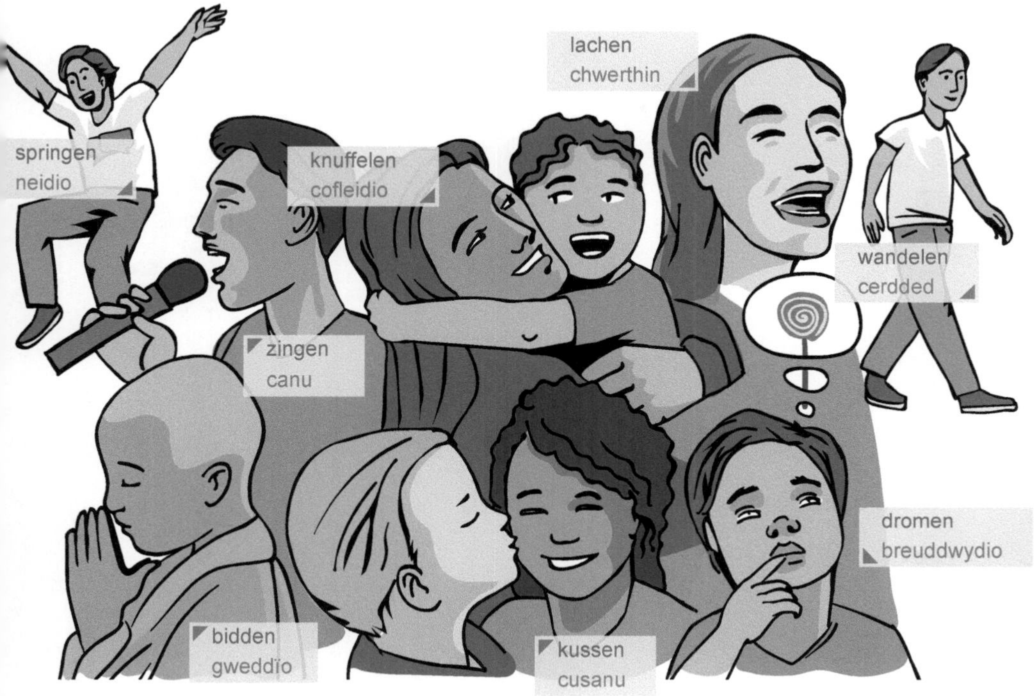

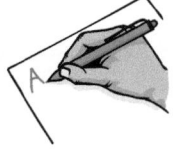

schrijven
ysgrifennu

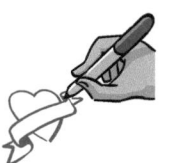

tekenen
arlunio

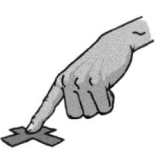

tonen
dangos

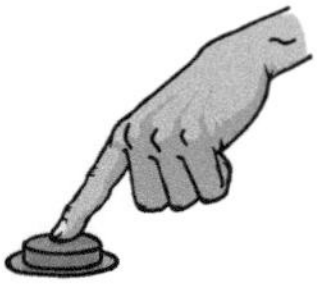

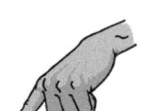

duwen
gwthio

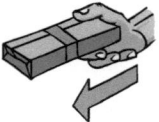

geven
rhoi

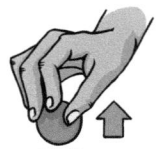

nemen
cymryd

hebben

bod gan

doen

gwneud

zijn

bod

staan

sefyll

lopen

rhedeg

trekken

tynnu

gooien

taflu

vallen

disgyn

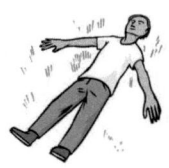

liggen

gorwedd

wachten

aros

dragen

cario

zitten

eistedd

aankleden

gwisgo amdanoch

slapen

cysgu

ontwaken

deffro

kijken naar

edrych ar

wenen

crïo

aaien

anwesu

kammen

cribo

praten

siarad

begrijpen

deall

vragen

gofyn

luisteren

gwrando

drinken

yfed

eten

bwyta

opruimen

tacluso

houden van

caru

koken

coginio

rijden

gyrru

vliegen

hedfan

zeilen

hwylio

rekenen

cyfrifo

Lezen

darllen

leren

dysgu

werken

gweithio

trouwen

priodi

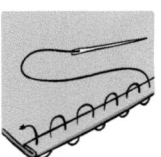

naaien

gwnïo

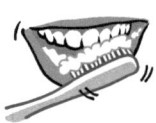

tandenpoetsen

brwsio dannedd

doden

lladd

roken

ysmygu

sturen

anfon

grootmoeder
nain

grootvader
taid

vader
tad

moeder
mam

baby
baban

dochter
merch

zoon
mab

gast

gwestai

tante

modryb

oom

ewythr

broer

brawd

zus

chwaer

lichaam

corff

voorhoofd
talcen
oog
llygad
schouder
ysgwydd
vinger
bys
gezicht
wyneb
kin
gên
hand
llaw
been
coes
borst
bron
arm
braich

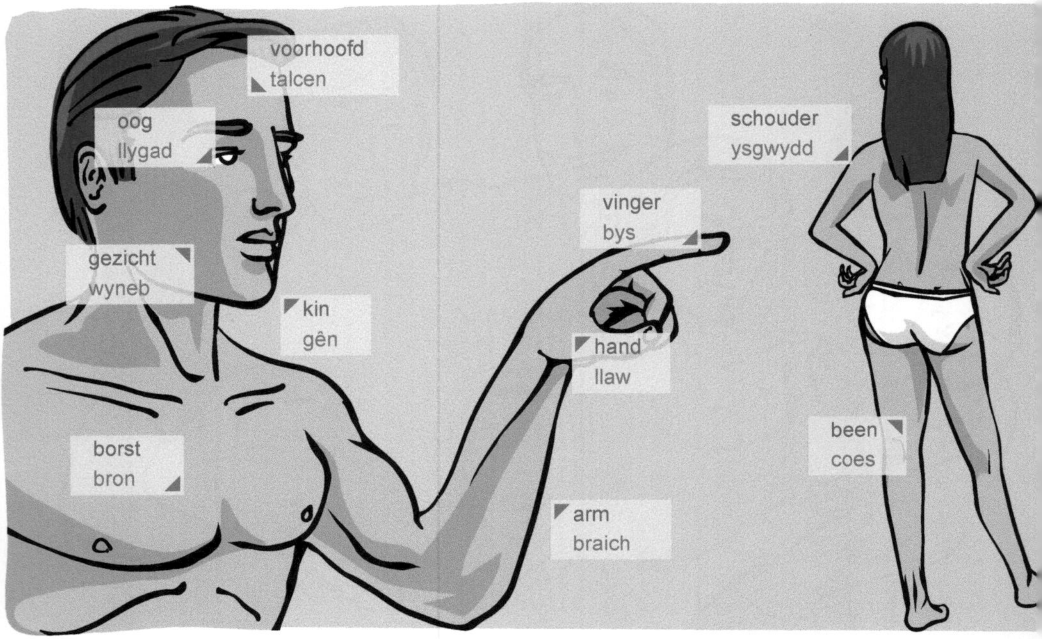

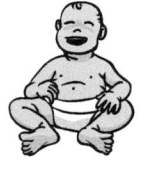

baby
baban

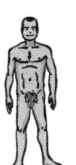

man
dyn

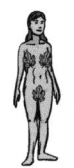

vrouw
gwraig

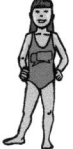

meisje
geneth

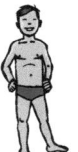

jongen
bachgen

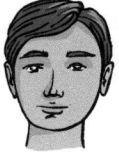

hoofd
pen

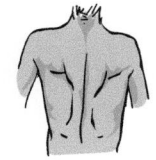

rug

cefn

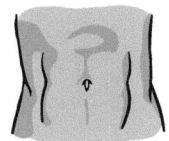

buik

bel

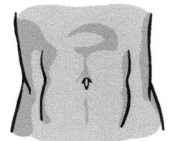

navel

bogail

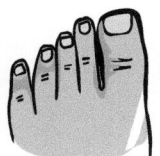

teen

bys troed

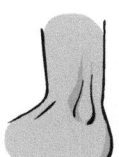

hiel

sawdl

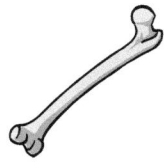

bot

asgwrn

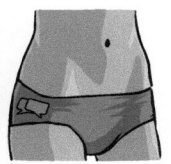

heup

clun

knie

pen-glin

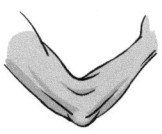

elleboog

penelin

neus

trwyn

zitvlak

pen ôl

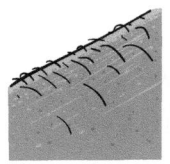

huid

croen

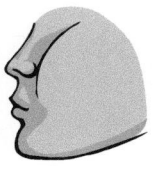

wang

boch

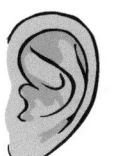

oor

clust

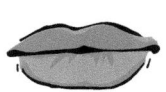

lip

gwefus

mond
ceg

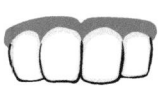

tand
dant

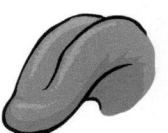

tong
tafod

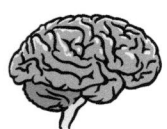

hersenen
ymennydd

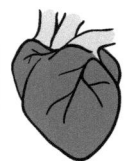

hart
calon

spier
cyhyr

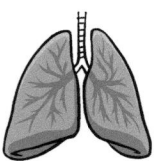

long
ysgyfaint

lever
iau

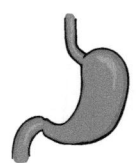

maag
stumog

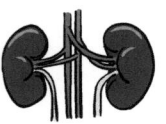

nieren
arennau

seks
rhyw

condoom
condom

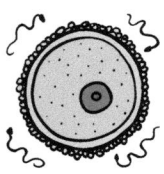

eicel
ofwm

sperma
semen

zwangerschap
beichiogrwydd

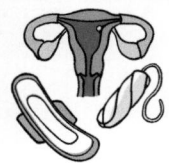

menstruatie

mislif

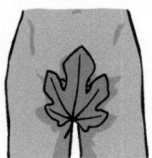

vagina

fagina

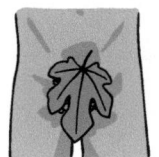

penis

pidyn

wenkbrauw

ael

haar

gwallt

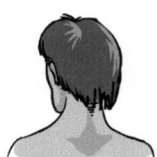

nek

gwddf

ziekenhuis
ysbyty

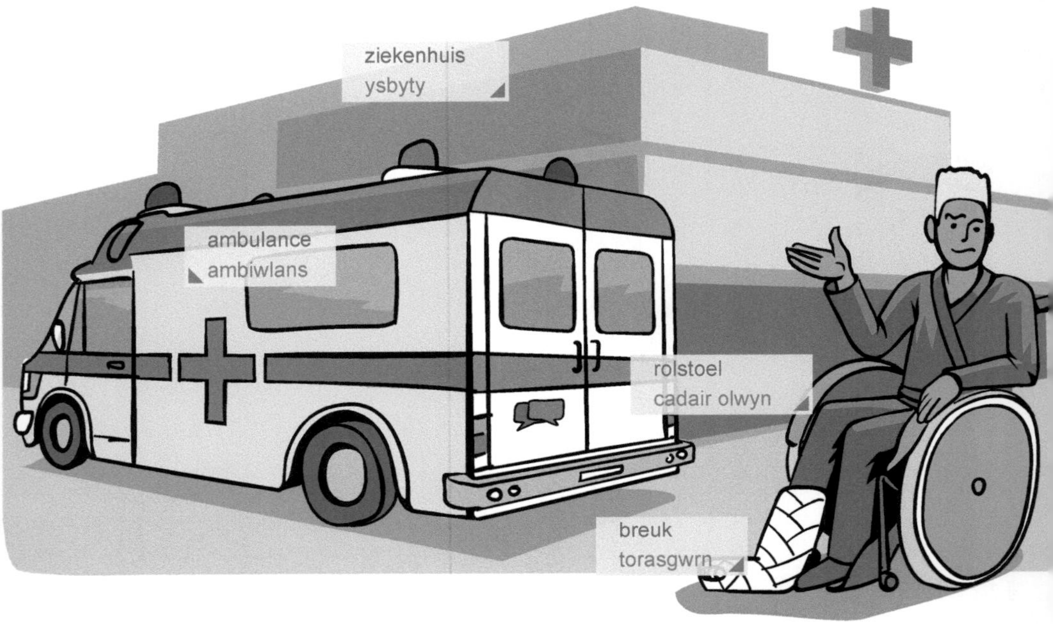

ziekenhuis
ysbyty
ambulance
ambiwlans
rolstoel
cadair olwyn
breuk
torasgwrn

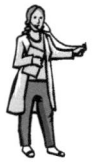

dokter
meddyg

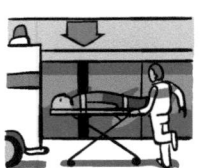

spoed
ystafell argyfwng

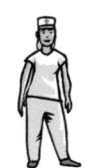

verpleegkundige
nyrs

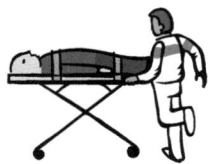

noodgeval
argyfwng

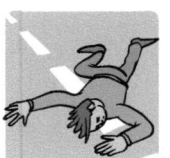

bewusteloos
anymwybodol

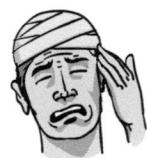

pijn
poen

verwonding

anaf

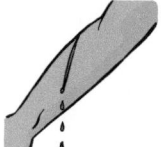

bloeding

gwaedu

hartaanval

trawiad ar y galon

beroerte

strôc

allergie

alergedd

hoest

peswch

koorts

twymyn

griep

ffliw

diarree

dolur rhydd

hoofdpijn

cur pen

kanker

canser

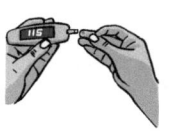

diabetes

diabetes

chirurg

llawfeddyg

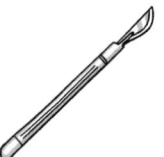

scalpel

fflaim

operatie

gweithrediad

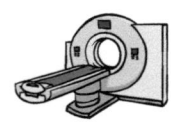

CT

CT

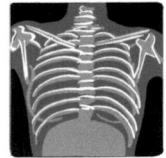

röntgenstraal

pelydr-x

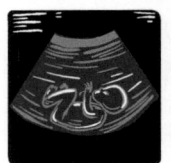

ultrageluid

uwchsain

gezichtsmasker

mwgwd wyneb

ziekte

clefyd

wachtkamer

ystafell aros

kruk

bagl

pleister

plastr

verband

rhwymyn

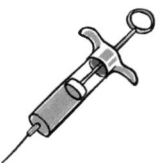

injectie

pigiad

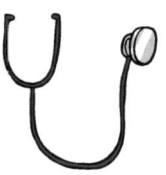

stethoscoop

stethosgop

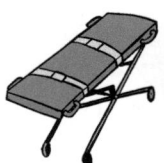

brancard

elorwely

thermometer

thermomedr clinigol

geboorte

genedigaeth

overgewicht

dros bwysau

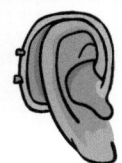

hoorapparaat

cymorth clyw

ontsmettingsmiddel

diheintydd

infectie

haint

virus

firws

HIV / AIDS

HIV / AIDS

medicijn

meddygaeth

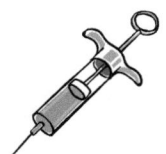

vaccinatie

brechiad

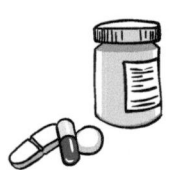

tabletten

tabledi

pil

y bilsen

noodoproep

galwad frys

bloeddrukmeter

monitor pwysau gwaed

ziek / gezond

yn sâl / yn iach

Help!
Help!

alarm
larwm

overval
ymosodiad

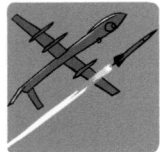

aanval
ymosodiad

gevaar
perygl

nooduitgang
allanfa argyfwng

Brand!
Tân!

brandblusser
diffoddwr tân

ongeval
damwain

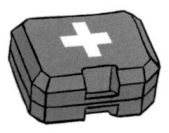

EHBO-kit
pecyn cymorth cyntaf

SOS
SOS

politie
heddlu

Europa

Ewrop

Noord-Amerika

Gogledd America

Zuid-Amerika

De America

Afrika

Affrica

Azië

Asia

Australië

Awstralia

Atlantische Oceaan

Iwerydd

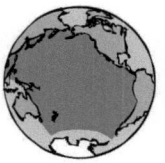

Stille Oceaan

y Môr Tawel

Indische Oceaan

Cefnfor yr India

Antarctische Oceaan

Cefnfor yr Antarctig

Arctische Oceaan

Cefnfor yr Arctig

Noordpool

Pegwn y Gogledd

Zuidpool

Pegwn y De

Antarctica

Antarctica

aarde

y Ddaear

land

tir

zee

môr

eiland

ynys

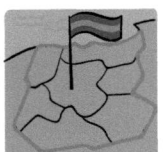

natie

cenedl

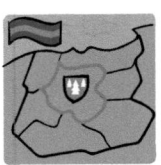

staat

gwladwriaeth

wijzerplaat

wyneb cloc

uurwijzer

bys awr

minuutwijzer

bys munud

secondewijzer

bys eiliad

Hoe laat is het?

Faint o'r gloch yw hi?

dag

dydd

tijd

amser

nu

yn awr

digitale horloge

cloc digidol

minuut

munud

uur

awr

week

wythnos

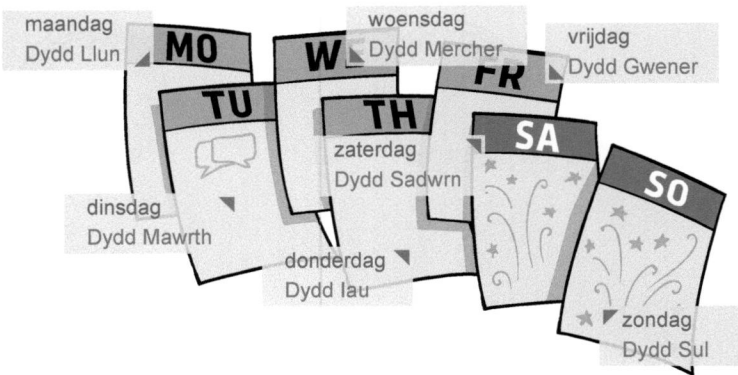

maandag
Dydd Llun

MO

woensdag
Dydd Mercher

W

vrijdag
Dydd Gwener

FR

TU

TH

SA

dinsdag
Dydd Mawrth

zaterdag
Dydd Sadwrn

SO

donderdag
Dydd Iau

zondag
Dydd Sul

gisteren

ddoe

vandaag

heddiw

morgen

yfory

ochtend

bore

middag

canol dydd

avond

noswaith

werkdagen

diwrnodiau busnes

weekend

penwythnos

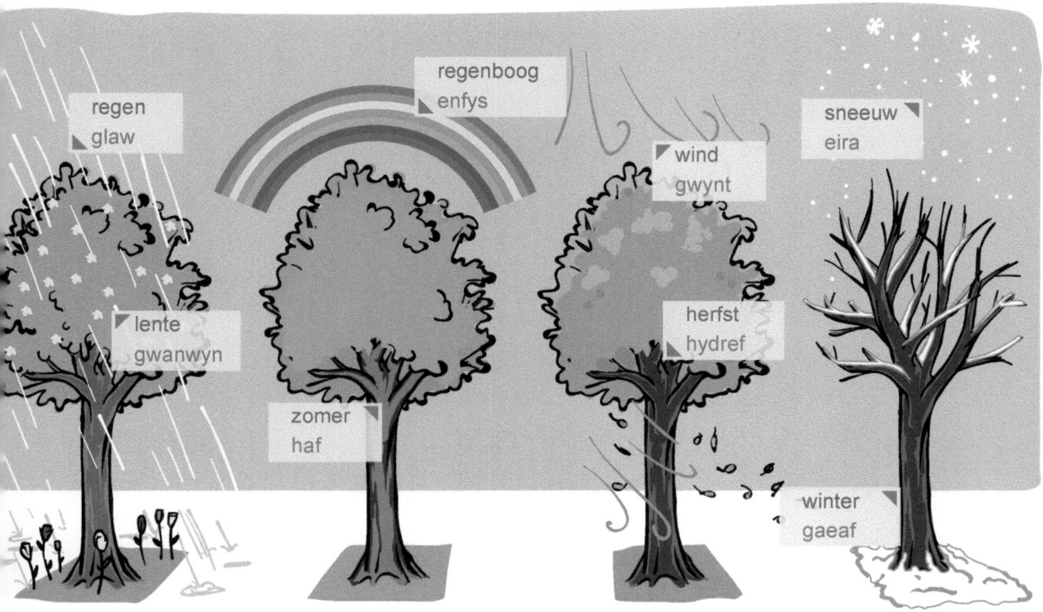

regen
glaw
regenboog
enfys
sneeuw
eira
wind
gwynt
lente
gwanwyn
herfst
hydref
zomer
haf
winter
gaeaf

4.APRIL 11°
5.APRIL 4°
6.APRIL 13°
7.APRIL 8°
8.APRIL 10°

weervoorspelling

rhagolygon y tywydd

F C
120 40
90 30
60 20
30 10
0 0
-30 -10
-20

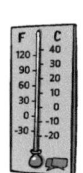

thermometer

thermomedr

zonneschijn

heulwen

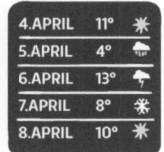

wolk

cwmwl

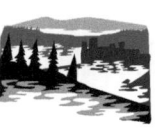

mist

niwl tew

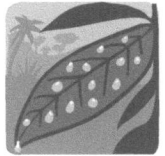

vochtigheid

lleithder

bliksem

mellt

donder

taranau

storm

storm

hagel

cenllysg

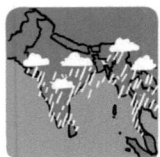

moesson

monswn

overstroming

llif

ijs

iâ

januari

Ionawr

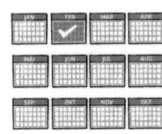

februari

Chwefror

maart

Mawrth

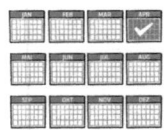

april

Ebrill

mei

Mai

juni

Mehefin

juli

Gorffennaf

augustus

Awst

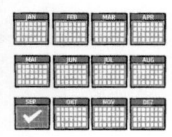

september
Medi

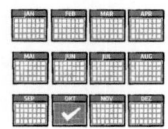

oktober
Hydref

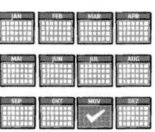

november
Tachwedd

december
Rhagfyr

vormen
siapiau

cirkel
cylch

kwadraat
sgwâr

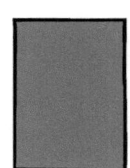

rechthoek
petryal

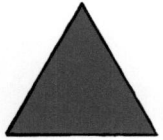

driehoek
triongl

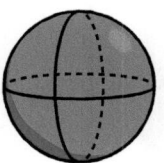

bol
sffêr

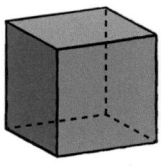

kubus
ciwb

wit
....
gwyn

geel
....
melyn

oranje
....
oren

roze
....
pinc

rood
....
coch

paars
....
porffor

blauw
....
glas

groen
....
gwyrdd

bruin
....
brown

grijs
....
llwyd

zwart
....
du

veel / weinig

llawer / ychydig

boos / kalm

dig / tawel

mooi / lelijk

hardd / hyll

begin / einde

dechrau / diwedd

groot / klein

mawr / bach

licht / donker

llachar / tywyll

broer / zus

brawd / chwaer

proper / vuil

glân / budr

volledig / onvolledig

gyflawn / anghyflawn

dag / nacht

dydd / nos

dood / levend

farw / yn fyw

breed / smal

llydan / cul

eetbaar / oneetbaar

bwytadwy / anfwytadwy

kwaadaardig / vriendelijk

drwg / caredig

opgewonden / verveeld

llawn cyffro / diflasu

dik / dun

tew / tenau

eerst / laatst

cyntaf / olaf

vriend / vijand

cyfaill / gelyn

vol / leeg

llawn / gwag

hard / zacht

caled / meddal

zwaar / licht

trwm / ysgafn

honger / dorst

wedi newynnu / yn sychedig

ziek / gezond

yn sâl / yn iach

illegaal / legaal

anghyfreithlon / cyfreithiol

intelligent / dom

deallus / twp

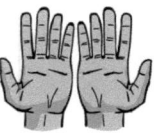

links / rechts

chwith / dde

dichtbij / veraf

agos / pell

nieuw / gebruikt

ewydd / wedi'i ddefnyddio

niets / iets

dim / rhywbeth

oud / jong

hen / ifanc

aan / uit

ymlaen / i ffwrdd

open / dicht

ar agor / ar gau

stil / luid

tawel / uchel

rijk / arm

cyfoethog / tlawd

juist / fout

cywir / anghywir

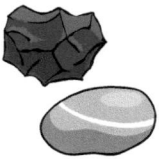

ruw / glad

garw / llyfn

droevig / blij

trist / hapus

kort / lang

byr / hir

traag / snel

araf / cyflym

nat / droog

gwlyb / sych

warm / koud

cynnes / claear

oorlog / vrede

rhyfel / heddwch

0

nul

sero

1

één

un

2

twee

dau

3

drie

tri

4

vier

pedwar

5

vijf

pump

6

zes

chwech

7

zeven

saith

8

acht

wyth

9

negen

naw

10

tien

deg

11

elf

un deg un

12

twaalf

un deg dau

13

dertien

un deg tri

14

veertien

un deg pedwar

15

vijftien

un deg pump

16

zestien

un deg chwech

17

zeventien

un deg saith

18

achtien

un deg wyth

19

negentien

un deg naw

20

twintig

dau ddeg

100

honderd

cant

1.000

duizend

mil

1.000.000

miljoen

miliwn

Engels

Saesneg

Amerikaans Engels

Saesneg America

Chinees (Mandarijn)

Tsieinëeg Mandarin

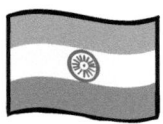

Hindi

Hindi

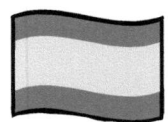

Spaans

Sbaeneg

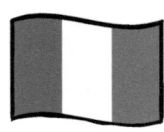

Frans

Ffrangeg

Arabisch

Arabeg

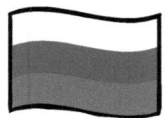

Russisch

Rwseg

Portugees

Portiwgaleg

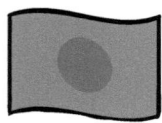

Bengali

Bengali

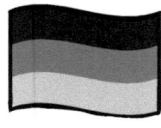

Duits

Almaeneg

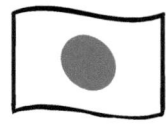

Japans

Siapanaeg

ik

fi

u

ti

hij / zij / het

ef / hi

wij

ni

u

chi

ze

nhw

wie?

pwy?

wat?

beth?

hoe?

sut?

waar?

ble?

wanneer?

pryd?

naam

enw

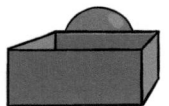

achter

y tu ôl i

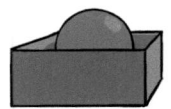

in

yn / yng / ym / mewn

voor

o flaen

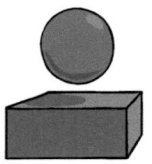

boven

dros

op

ar

onder

dan

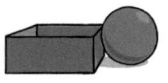

naast

wrth ochr

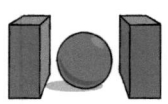

tussen

rhwng

plaats

lle